| | |
|---|---|
| school - sakola | 2 |
| travel - lalampahan | 5 |
| transport - transportasi | 8 |
| city - kota | 10 |
| landscape - pamandangan | 14 |
| restaurant - restoran | 17 |
| supermarket - supermarkét | 20 |
| drinks - inuman | 22 |
| food - dahareun | 23 |
| farm - pertanian | 27 |
| house - imah | 31 |
| living room - rohang tamu | 33 |
| kitchen - dapur | 35 |
| bathroom - kamar ibak | 38 |
| child's room - kamar budak | 42 |
| clothing - acuk | 44 |
| office - kantor | 49 |
| economy - ékonomi | 51 |
| occupations - pagawéan | 53 |
| tools - alat | 56 |
| musical instruments - alat musik | 57 |
| zoo - kebon binatang | 59 |
| sports - olahraga | 62 |
| activities - aktivitas | 63 |
| family - kulawarga | 67 |
| body - awak | 68 |
| hospital - rumah sakit | 72 |
| emergency - darurat | 76 |
| Earth - Bumi | 77 |
| clock - jam | 79 |
| week - minggu | 80 |
| year - taun | 81 |
| shapes - bentuk | 83 |
| colours - warna-warna | 84 |
| opposites - sabalikna | 85 |
| numbers - angka-angka | 88 |
| languages - basa-basa | 90 |
| who / what / how - saha / naon / kumaha | 91 |
| where - di mana | 92 |

Impressum
Verlag: BABADADA GmbH, Nedderfeld 112 , 22529 Hamburg
Geschäftsführer / Verlagsleitung: Harald Hof
Druck: Books on Demand GmbH, In de Tarpen 42, 22848 Norderstedt

Imprint
Publisher: BABADADA GmbH, Nedderfeld 112 , 22529 Hamburg, Germany
Managing Director / Publishing direction: Harald Hof
Print: Books on Demand GmbH, In de Tarpen 42, 22848 Norderstedt

# school
## sakola

- classroom — rohang kelas
- divide — bagi
- board — papan
- school yard — pakarangan sakola
- teacher — guru
- paper — kertas
- write — nyerat / nulis
- pen — kalam
- desk — méja gawé
- ruler — jidar
- book — buku
- pupil — murit

satchel
tas sakola

pencil case
wadah potlot

pencil
potlot

pencil sharpener
rautan potlot

rubber
pamupus

drawing pad
kertas gambar

drawing
gambar

paintbrush
kuas cét

paint box
kotak cét

scissors
gunting

glue
lém

exercise book
buku latihan

homework
péér

number
angka

add
nambahkeun

subtract
kurang

multiply
kali

calculate
ngitung

letter
surat

alphabet
alpabét

word
kecap

school - sakola

| | | |
|---|---|---|
|  |  |  |
| text<br>téks | read<br>maca | chalk<br>kapur |
|  |  |  |
| lesson<br>palajaran | register<br>daptar | exam<br>ujian |
| certificate<br>sértipikat | school uniform<br>saragam sakola | education<br>atikan |
|  | |   |
| encyclopedia<br>énsiklopédi | university<br>univérsitas | microscope<br>mikroskop |
| 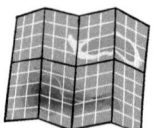 |  | |
| map<br>peta | waste-paper basket<br>wadah runtah | |

school - sakola

# travel
# lalampahan

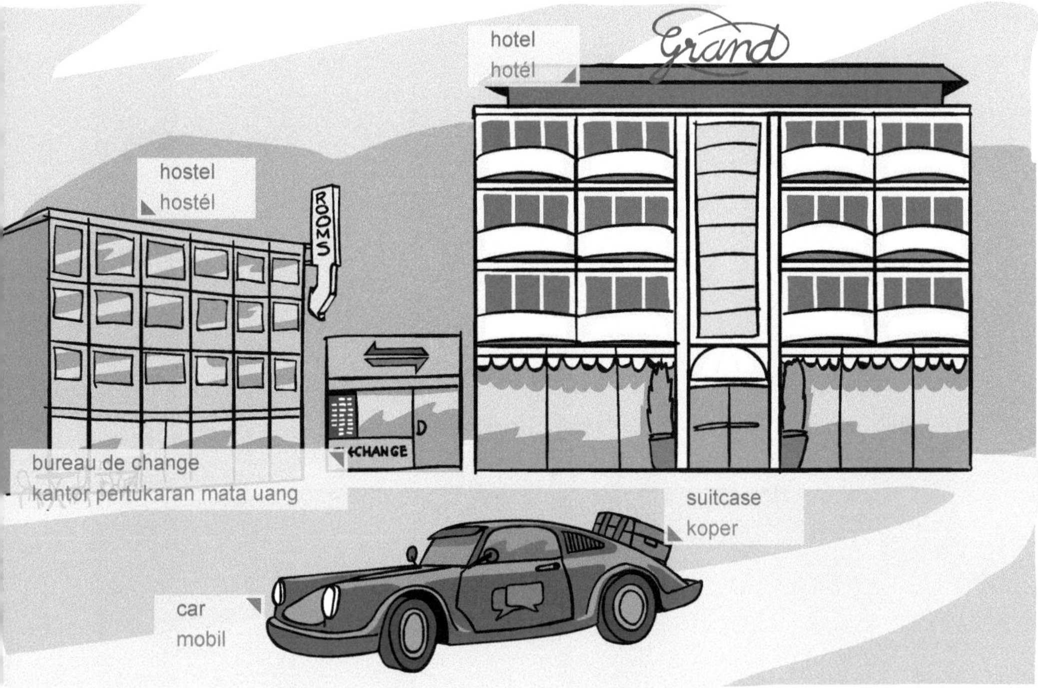

hotel
hotél
Grand
hostel
hostél
ROOMS
bureau de change
kantor pertukaran mata uang
CHANGE
suitcase
koper
car
mobil

language

basa

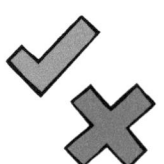

yes / no

muhun / henteu

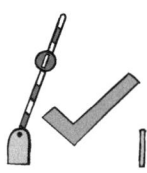

Okay

oké

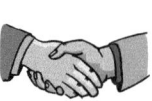

hello

hei

translator

panarjamah

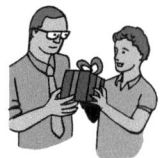

Thank you

hatur nuhun

how much is...?
sabaraha hargana...?

I do not understand
abdi teu ngartos

problem
masalah

Good evening!
Wilujeng wengi!

Good morning!
Wilujeng siang!

Good night!
Wilujeng wengi!

bye bye
mugi patepang deui

direction
arah

luggage
bagasi

bag
kantong

backpack
ransel

guest
tamu

room
rohang

sleeping bag
kantong saré

tent
tenda

travel - lalampahan

tourist information

informasi wisata

beach

pantai

credit card

kartu krédit

breakfast

sarapan

lunch

dahar beurang

dinner

dahar peuting

ticket

tikét

lift

lift

stamp

perangko

border

wates

customs

cukai

embassy

kedutaan

visa

visa

passport

paspor

travel - lalampahan

# transport
## transportasi

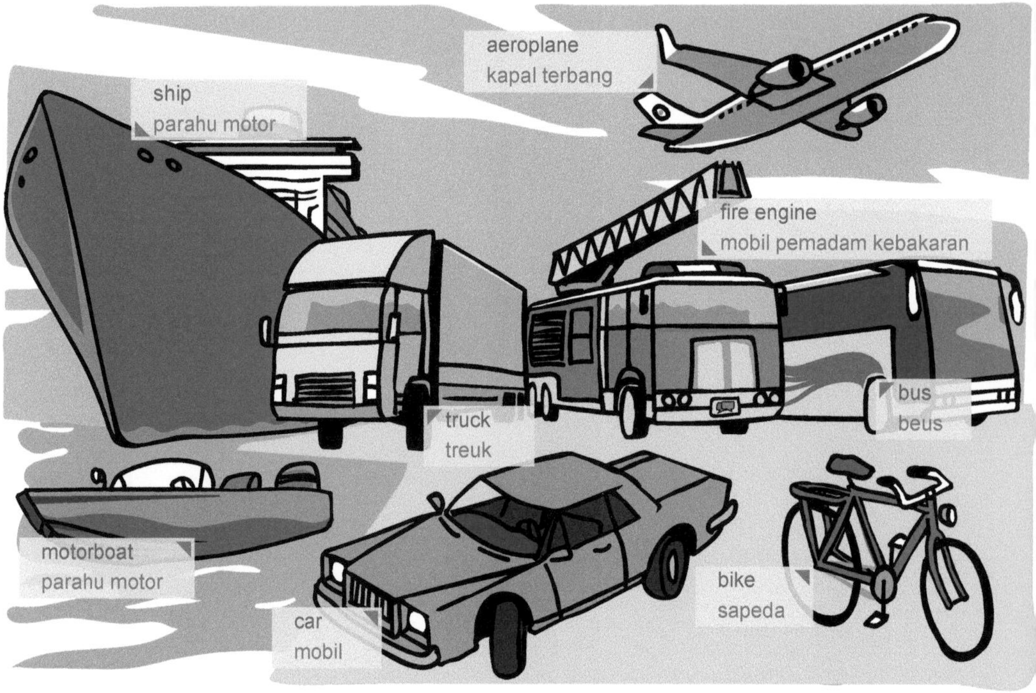

- aeroplane / kapal terbang
- ship / parahu motor
- fire engine / mobil pemadam kebakaran
- bus / beus
- truck / treuk
- motorboat / parahu motor
- car / mobil
- bike / sapeda

ferry
kapal féri

boat
parahu

motorbike
sapeda motor

police car
mobil pulisi

racing car
mobil balap

rental car
mobil nyéwa

car sharing

mobil babarengan

breakdown truck

treuk dérék

refuse truck

treuk runtah

motor

motor

fuel

bahan bakar

petrol station

bénsin

traffic sign

tanda lalulintas

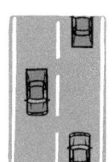

traffic

lalulintas

traffic jam

macét

car park

parkir mobil

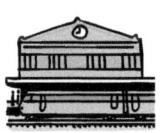

train station

stasiun karéta

tracks

trék

train

karéta api

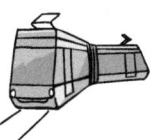

tram

tram

carriage

garobag

transport - transportasi

helicopter
hélikopter

airport
bandara

tower
munara

passenger
panumpang

container
konténer

carton
karton

cart
troli

basket
karanjang

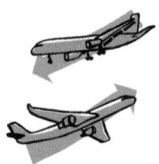

take off / land
terbang / landas

# city
# kota

village
kampung

city centre
tengah kota

house
imah

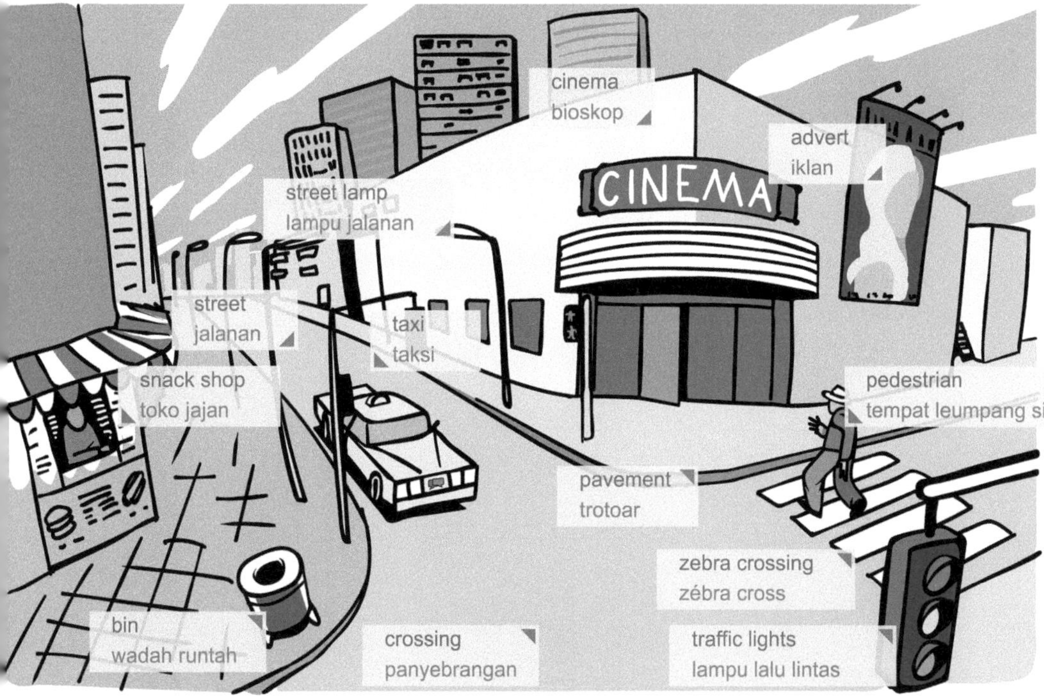

hut
gubuk

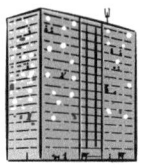

flat
imah flat

train station
stasiun karéta

town hall
balai kota

museum
museum

school
sakola

city - kota

university
univérsitas

bank
bank

hospital
rumah sakit

hotel
hotél

pharmacy
farmasi

office
kantor

book shop
toko buku

shop
toko

florist's
toko kembang

supermarket
supermarkét

market
pasar

department store
swalayan

fishmonger's
nalayan

shopping centre
pusat balanja

harbour
palabuan

city - kota

| | | |
|---|---|---|
|  |  |  |
| park<br>kebon | bench<br>korsi | bridge<br>sasak |
|  |  |  |
| stairs<br>tangga | underground<br>kareta bawah tanah | tunnel<br>torowongan |
|  |  |  |
| bus stop<br>halte beus | bar<br>bar | restaurant<br>restoran |
|  |  |  |
| postbox<br>kotak surat | street sign<br>tanda jalan | parking meter<br>meteran parkir |
|  | 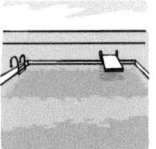 |  |
| zoo<br>kebon binatang | swimming pool<br>kolam renang | mosque<br>masigit |

city - kota

farm
pertanian

pollution
polusi

graveyard
kuburan

church
gareja

playground
tempat ulin

temple
pura

# landscape
# pamandangan

- leaf / daun
- signpost / panunjuk arah
- way / jalanan
- meadow / ladang jukut
- stone / batu
- tree / tangkal
- hiker / tukang leumpang
- river / susukan
- grass / jukut
- flower / kembang

valley
lengkob

hill
bukit

lake
tasik

forest
leuweung

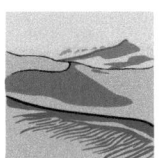
desert
gurun

volcano
gunung marapi

castle
karaton

rainbow
katumbiri

mushroom
suung

palm tree
tangkal palem

mosquito
reungit

fly
laleur

ant
sireum

bee
nyiruan

spider
lamat lancah

landscape - pamandangan

beetle
nyiruan

frog
bangkong

squirrel
bajing

hedgehog
landak

hare
kalinci

owl
bueuk

bird
manuk

swan
soang

boar
bagong

deer
kijang

moose
kijang

dam
bendungan

wind turbine
turbin angin

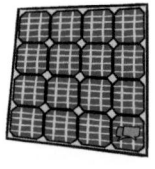
solar panel
panél surya

climate
iklim

landscape - pamandangan

# restaurant
## restoran

- waiter / badega
- menu / menu
- chair / korsi
- soup / sop
- pizza / pitsa
- cutlery / parkakas dahar
- tablecloth / taplak

starter
hidangan pembuka

main course
hidapan utama

dessert
hidangan penutup

drinks
inuman

food
dahareun

bottle
botol

restaurant - restoran

fast food
dahareun cepat saji

street food
jajanan sisi jalan

teapot
téko téh

sugar bowl
wadah gula

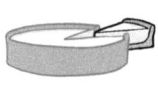
portion
porsi

espresso machine
mesin éspréso

high chair
korsi jangkung

bill
tagihan

tray
baki

knife
péso

fork
garpu

spoon
séndok

teaspoon
séndok téh

serviette
serbét

glass
gelas

restaurant - restoran

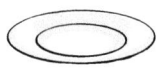

plate
piring

soup plate
mangkok sop

saucer
pisin

sauce
saos

salt pot
wadah uyah

pepper mill
panggiling pedes

vinegar
cuka

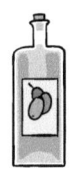

oil
minyak

spices
bumbu

ketchup
saos tomat

mustard
mustard

mayonnaise
mayonés

restaurant - restoran

# supermarket

# supermarkét

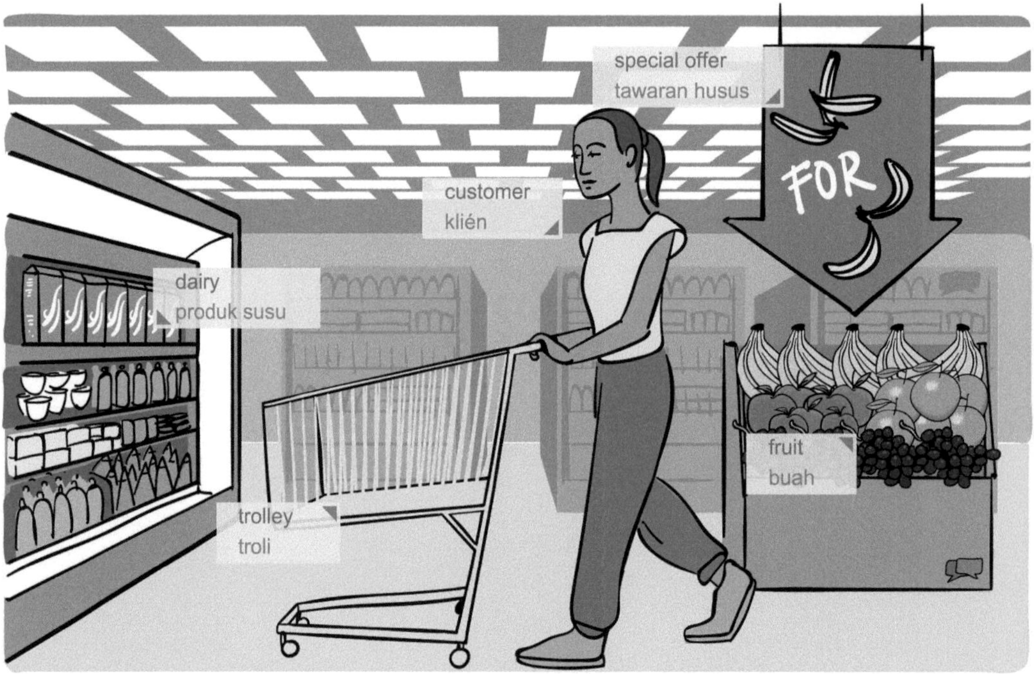

special offer
tawaran husus
FOR
customer
klién
dairy
produk susu
fruit
buah
trolley
troli

BUTCHERS

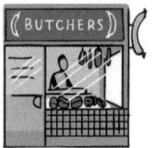

butcher´s

tukang meuncit

BAKERY

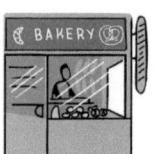

baker´s

toko roti

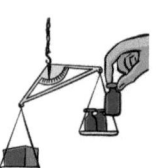

weigh

nimbang

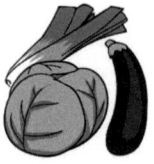

vegetables

sayur

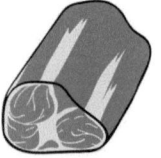

meat

daging

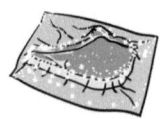

frozen food

tuangeun beku

| | | |
|---|---|---|
|  cold meat  alat potong daging |  tinned food  dahareun kaléng |  washing powder  sabun serbuk |
|  sweets  permén |  household products  perkakas rumah tangga |  cleaning products  produk pembersih |
|  salesperson  tukang jualan |  till  kasa |  cashier  kasir |
|  shopping list  daftar balanja |  opening hours  jam buka |  wallet  dompét |
|  credit card  kartu krédit |  bag  kantong |  plastic bag  kantong palastik |

supermarket - supermarkét

# drinks
## inuman

water
cai

juice
jus

milk
susu

coke
kola

wine
anggur

beer
arak

alcohol
arak

cocoa
coklat

tea
téh

coffee
kopi

espresso
éspréso

cappuccino
kapucino

# food
## dahareun

banana
pisang

apple
apel

orange
jeruk

melon
samangka

lemon
lémon

carrot
wortel

garlic
bawang bodas

bamboo
awi

onion
bawang bombai

mushroom
suung

nuts
suuk

noodles
emih

spaghetti

spagéti

rice

sangu

salad

salat

chips

kentang goréng

fried potatoes

kentang goréng

pizza

pitsa

hamburger

hamburger

sandwich

roti lapis

cutlet

sakeureut daging

ham

ham

salami

salami

sausage

sosis

chicken

hayam

roast

ngagoreng

fish

lauk

porridge oats
bubur gandum

muesli
séréal

cornflakes
cornflakes

flour
tarigu

croissant
croissant

bread roll
roti

bread
roti

toast
roti panggang

biscuits
biskuit

butter
mantéga

curd
dadih

cake
kuéh

egg
endog

fried egg
goréng endog

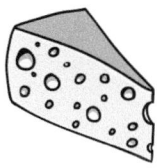

cheese
keju

food - dahareun

ice cream
eskrim

sugar
gula

honey
madu

jam
selé

chocolate spread
krim coklat

curry
karé

# farm
## pertanian

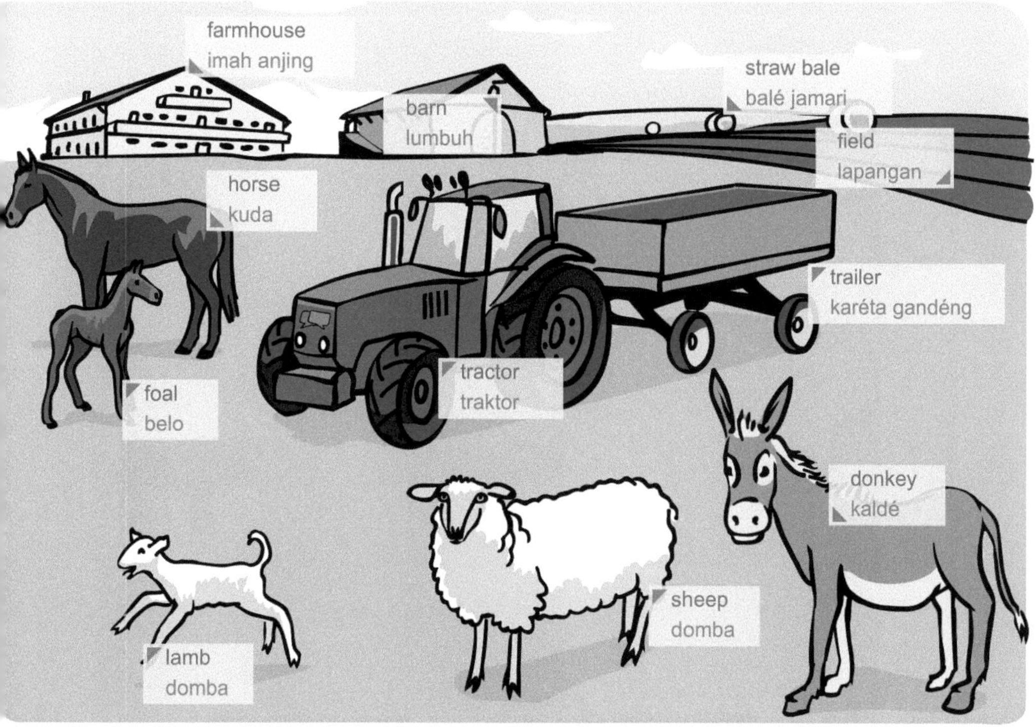

farmhouse / imah anjing
barn / lumbuh
straw bale / balé jamari
field / lapangan
horse / kuda
trailer / karéta gandéng
foal / belo
tractor / traktor
donkey / kaldé
lamb / domba
sheep / domba

goat
embé

cow
sapi

calf
bitis

pig
bagong

piglet
babi

bull
banténg

goose
soang

duck
éntog

chick
pitik

hen
hayam

cock
hayam jago

rat
beurit

cat
ucing

mouse
beurit

ox
sapi

dog
anjing

doghouse
imah anjing

garden hose
selang

watering can
kaléng nyiram

scythe
arit panjang

plough
ngabajak

sickle
arit

hoe
pacul

pitchfork
garpuh jukut

axe
kapak

wheelbarrow
gorobah

trough
palung

milk can
kaléng susu

sack
karung

fence
pager

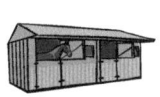
stable
kandang

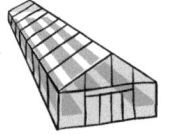
greenhouse
imah kaca

soil
taneuh

seed
benih

fertilizer
pupuk

combine harvester
mesin permén

farm - pertanian

harvest
panén

harvest
panén

yams
yams

wheat
gandum

soy
kedelé

potato
kentang

corn
jagong

rapeseed
lobak

fruit tree
tangkal buah

cassava
sampeu

cereals
séréal

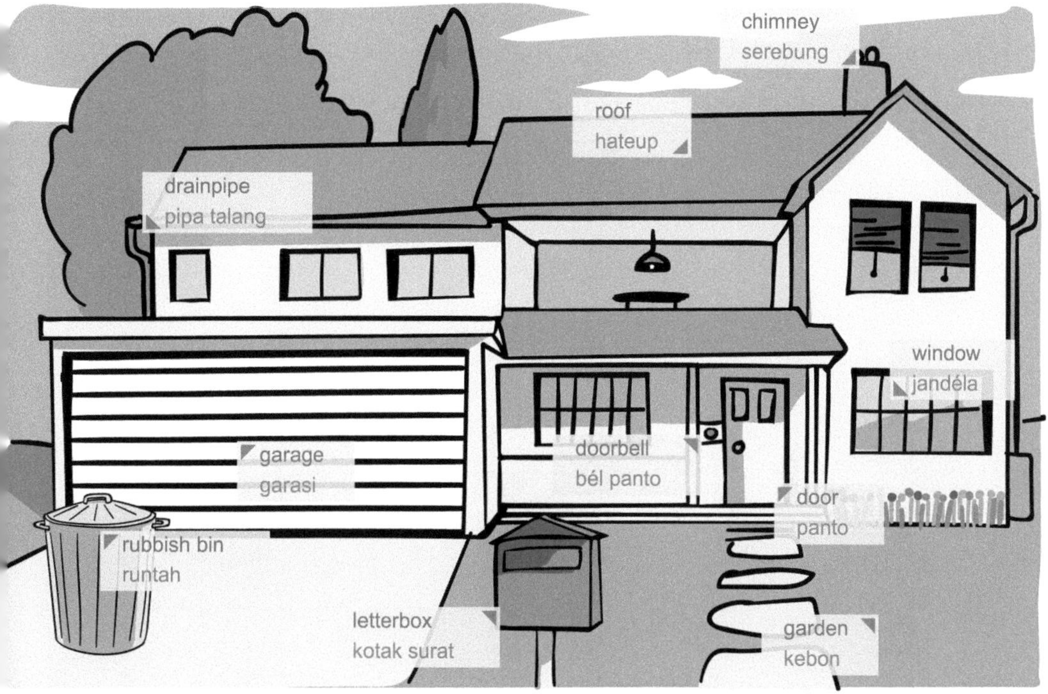

# house
# imah

- chimney — serebung
- roof — hateup
- drainpipe — pipa talang
- window — jandéla
- garage — garasi
- doorbell — bél panto
- door — panto
- rubbish bin — runtah
- letterbox — kotak surat
- garden — kebon

living room
rohang tamu

bathroom
kamar ibak

kitchen
dapur

bedroom
pangkéng

child's room
kamar budak

dining room
kamar makan

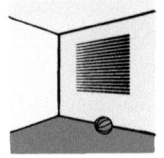
floor
téhel

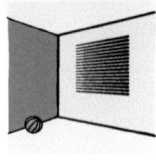
wall
tembok

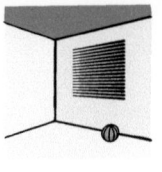
ceiling
hateup

cellar
gudang di handap imah

sauna
sauna

balcony
balkon

terrace
tepas

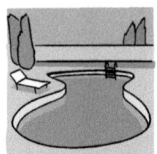
pool
kolam renang

lawn mower
mesin pamotong jukut

sheet
sepré

bedspread
simbut

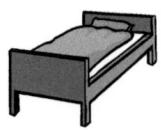
bed
ranjang

broom
sapu

bucket
émbér

switch
tombol

house - imah

# living room
# rohang tamu

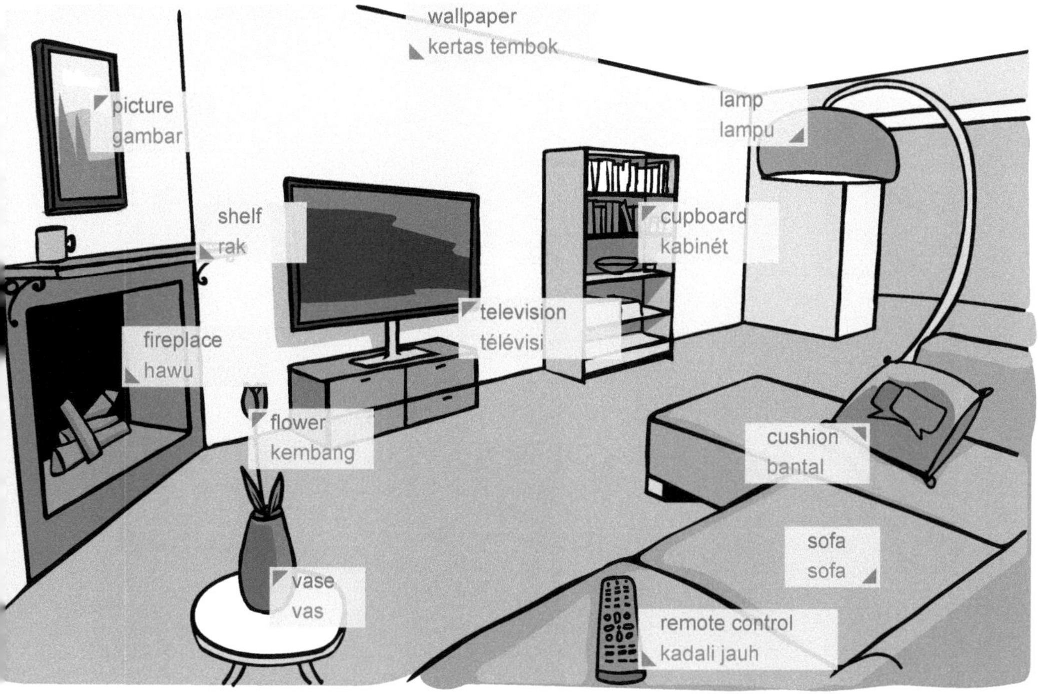

- wallpaper / kertas tembok
- picture / gambar
- lamp / lampu
- shelf / rak
- cupboard / kabinét
- fireplace / hawu
- television / télévisi
- flower / kembang
- cushion / bantal
- vase / vas
- sofa / sofa
- remote control / kadali jauh

carpet
karpét

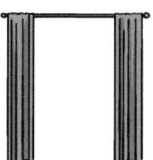

curtain
hordéng

table
meja

chair
korsi

rocking chair
korsi goyang

armchair
korsi malas

| | | |
|---|---|---|
|  |  |  |
| book / buku | blanket / simbut | decoration / dékorasi |
|  |  |  |
| firewood / suluh | film / pilem | hi-fi equipment / hi-fi |
|  |  |  |
| key / konci | newspaper / surat kabar | painting / lukisan |
|  |  |  |
| poster / poster | radio / radio | notepad / buku tulis |
|  |  |  |
| hoover / panyedot kebul | cactus / kaktus | candle / lilin |

living room - rohang tamu

# kitchen
## dapur

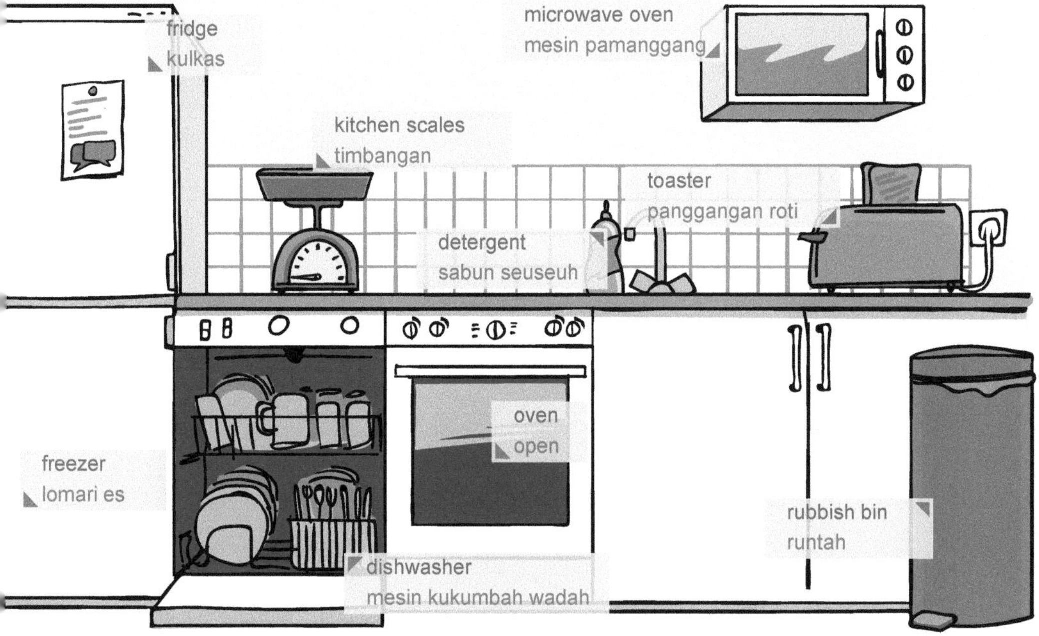

fridge — kulkas
microwave oven — mesin pamanggang
kitchen scales — timbangan
toaster — panggangan roti
detergent — sabun seuseuh
oven — open
freezer — lomari es
rubbish bin — runtah
dishwasher — mesin kukumbah wadah

cooker
kompor

pot
panci

cast-iron pot
panci beusi

wok / kadai
katél

pan
panci

kettle
citél

steamer
langseng

baking tray
baki

crockery
piring

mug
cangkir

bowl
mangkok

chopsticks
sumpit

ladle
sendok sop

spatula
sérok

whisk
pangocok

strainer
ayakan

sieve
saringan

grater
parutan

mortar
mortar

barbecue
daging bakar

open fire
suluh

kitchen - dapur

chopping board
papan pamotong

rolling pin
gilingan

corkscrew
alat pambuka tutup botol

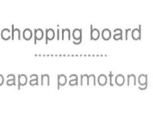

can
kaléng

can opener
pambuka kaléng

pot holder
gagang panci

sink
tilelep

brush
sikat

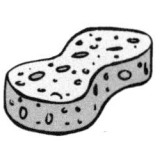

sponge
busa

blender
blénder

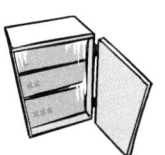

deep freezer
lomari es

baby bottle
botol orok

tap
keran

kitchen - dapur

# bathroom
## kamar ibak

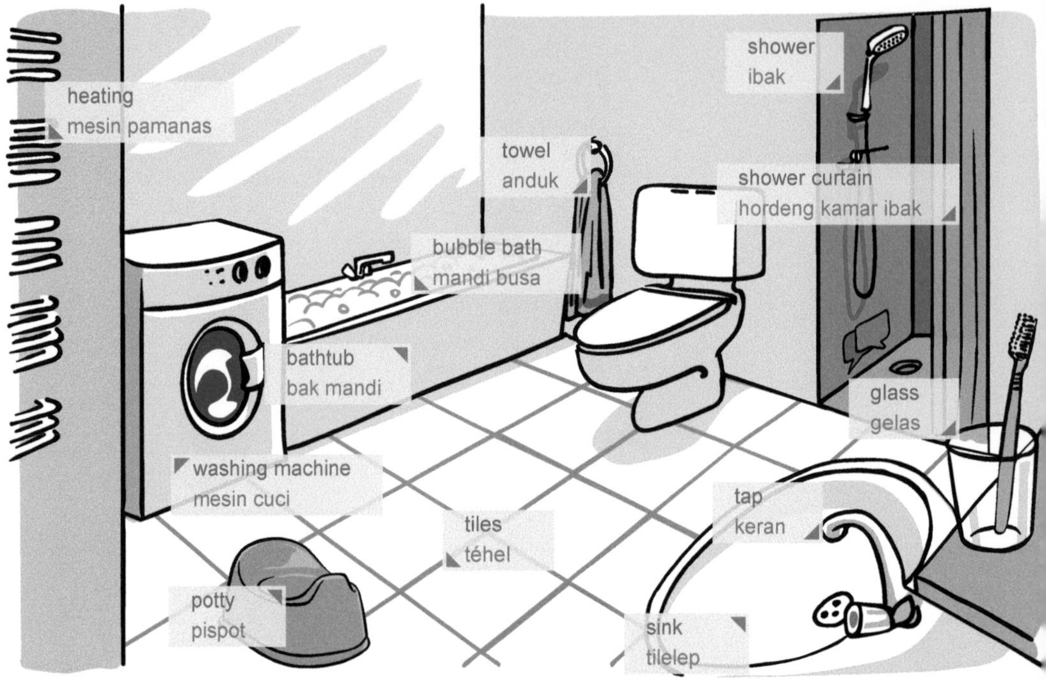

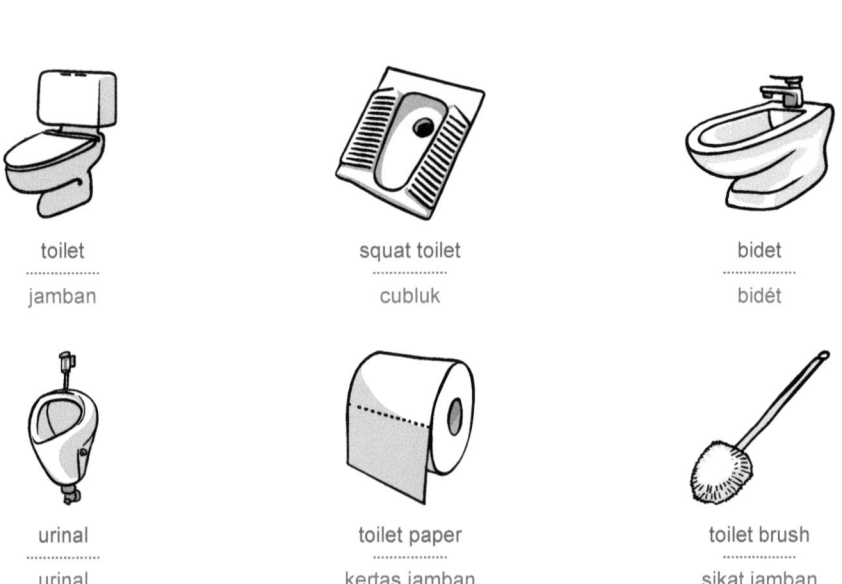

|  |  |
|---|---|
| heating | mesin pamanas |
| shower | ibak |
| towel | anduk |
| shower curtain | hordeng kamar ibak |
| bubble bath | mandi busa |
| bathtub | bak mandi |
| washing machine | mesin cuci |
| glass | gelas |
| tap | keran |
| tiles | téhel |
| potty | pispot |
| sink | tilelep |

| toilet | squat toilet | bidet |
|---|---|---|
| jamban | cubluk | bidét |

| urinal | toilet paper | toilet brush |
|---|---|---|
| urinal | kertas jamban | sikat jamban |

toothbrush

sikat huntu

toothpaste

odol

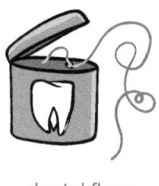

dental floss

benang gigi

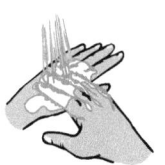

wash

nyeuseuh

handheld shower

kokocoran leungeun

douche

kukucuran

basin

bak

back brush

panyikat tonggong

soap

sabun

shower gel

gel ibak

shampoo

sampo

flannel

planél

drain

nguras

cream

krim

deodorant

déodoran

bathroom - kamar ibak

mirror
eunteung

hand mirror
eunteung leungeun

razor
péso cukur

shaving foam
busa cukur

aftershave
krim cukur

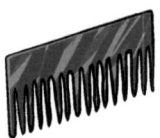

comb
sisir

brush
sikat

hair dryer
alat panggaring rambut

hairspray
semprotan rambut

makeup
pangrias beungeut

lipstick
lipstik

nail varnish
cét kuku

cotton wool
kapas

nail scissors
gunting kuku

perfume
minyak seungit

washbag

kantong seuseuh

stool

bangku

weighing scale

timbangan

bathrobe

baju mandi

rubber gloves

sarung tangan karét

tampon

sampon

sanitary towel

handuk pembalut

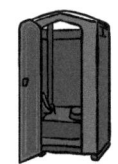

chemical toilet

jamban kimia

# child's room
# kamar budak

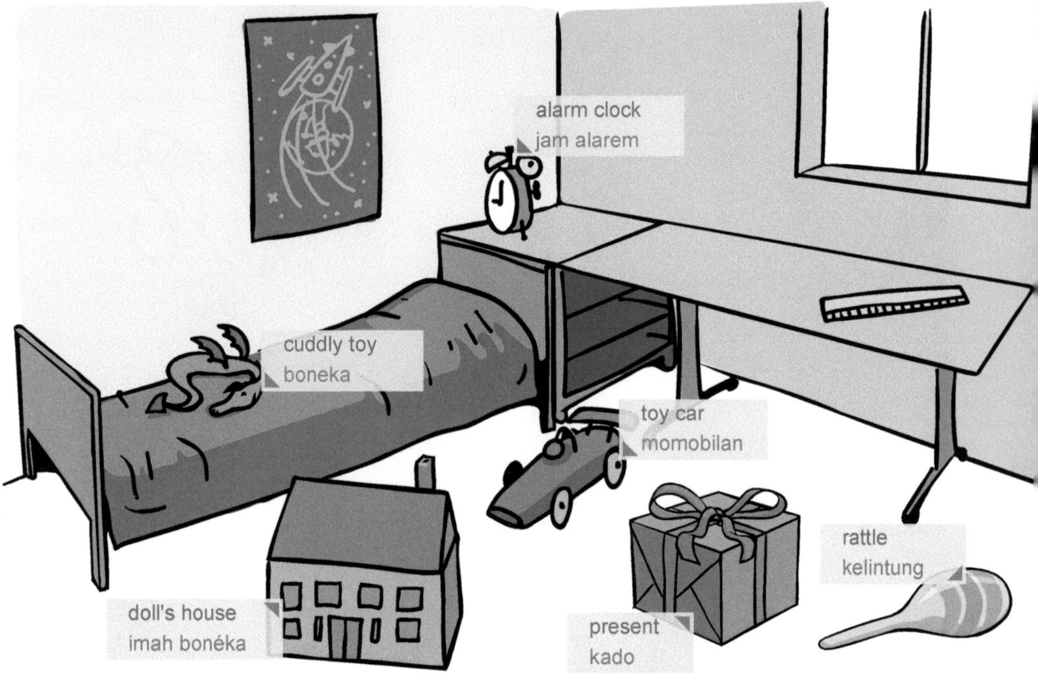

*alarm clock* — jam alarem
*cuddly toy* — boneka
*toy car* — momobilan
*doll's house* — imah bonéka
*present* — kado
*rattle* — kelintung

balloon
balon

bed
ranjang

pram
karéta orok

deck of cards
kartu

jigsaw
tatarucingan

comic
komik

lego bricks
kaulinan lego

building blocks
kaulinan bentuk blok

action figure
figur tokoh

babygrow
baju budak

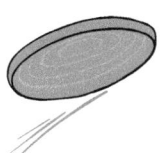

frisbee
frisbee

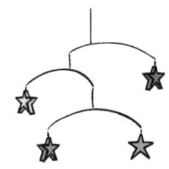

mobile
mobile

board game
papan gim

dice
dadu

model train set
set model kareta api

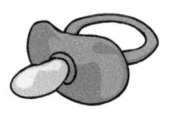

dummy
endot

party
pihak

picture book
buku gambar

ball
bal

doll
bonéka

play
ulin

child's room - kamar budak

sandpit

wadah pasir maénan

swing

ayunan

toys

kaulinan

video game console

video gim konsol

tricycle

sapedah roda tilu

teddy bear

bonéka beruang

wardrobe

lomari baju

## clothing
## acuk

socks

kaos kaki

stockings

kaos kaki

tights

baju ketat

body
awak

trousers
calana

jeans
jins

skirt
rok

blouse
blus

shirt
kaméja

pullover
jakét tiung

hoodie
baju haneut

blazer
jakét

jacket
jakét

coat
jakét

raincoat
jas hujan

costume
kostum

dress
gaun

wedding dress
gaun pangantén

| suit | nightgown | pyjamas |
|---|---|---|
| baju resmi | baju saré | piyama |

| sari | headscarf | turban |
|---|---|---|
| sari | tiung | turban |

| burqa | kaftan | abaya |
|---|---|---|
| burka | kaftan | abaya |

| swimsuit | trunks | shorts |
|---|---|---|
| baju renang | calana renang | calana péndék |

| tracksuit | apron | gloves |
|---|---|---|
| orang raga | celemék | sarung tangan |

clothing - acuk

button
kancing

glasses
kaca soca

bracelet
gelang

necklace
kongkorong

ring
ali

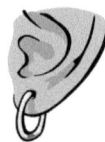

earring
giwang

cap
topi

coat hanger
gantungan jakét

hat
topi

tie
dasi

zip
risléting

helmet
hélem

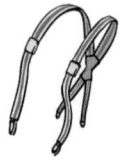

braces
tali salémpang

school uniform
saragam sakola

uniform
saragam

bib
apron orok

dummy
endot

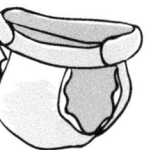
nappy
popok

## office
## kantor

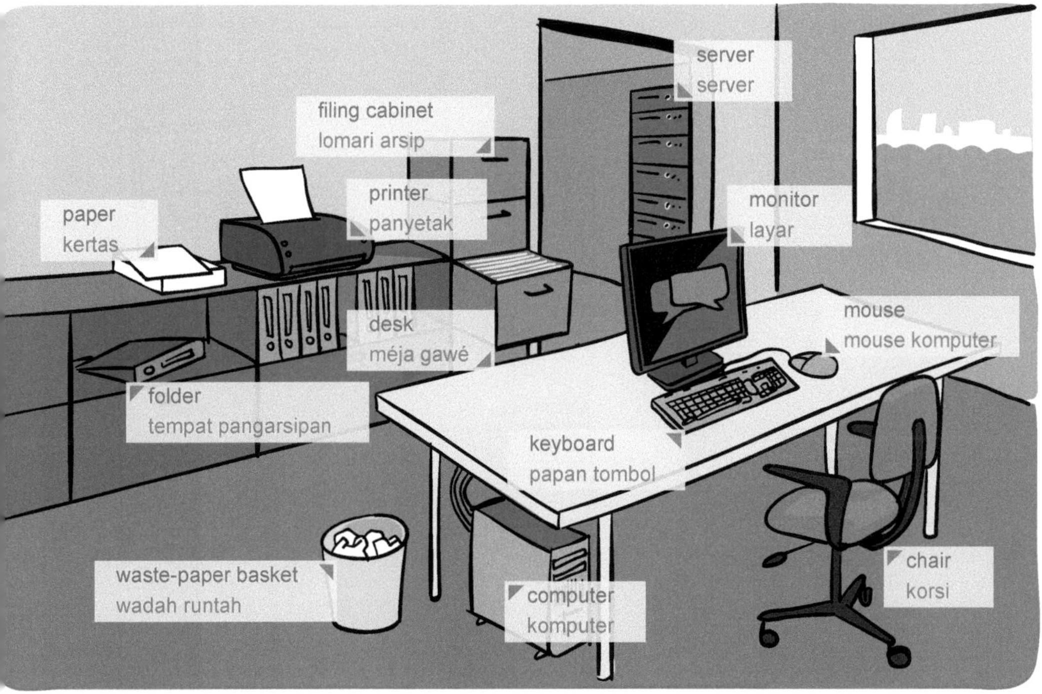

- server / server
- filing cabinet / lomari arsip
- printer / panyetak
- paper / kertas
- monitor / layar
- desk / méja gawé
- mouse / mouse komputer
- folder / tempat pangarsipan
- keyboard / papan tombol
- waste-paper basket / wadah runtah
- chair / korsi
- computer / komputer

coffee mug
cangkir kopi

calculator
kalkulator

internet
internét

office - kantor

laptop
laptop

letter
surat

message
pesen

mobile
telpon sélulér

network
jaringan

photocopier
fotokopi

software
software

telephone
telpon

plug socket
plug sokét

fax machine
mesin fax

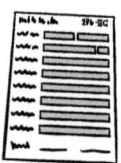
form
formulir

document
dokumén

office - kantor

# economy
# ékonomi

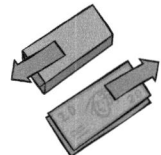
buy
mésér

pay
mayar

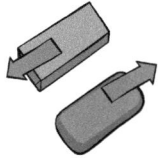
trade
dagang

money
artos

dollar
dollar

euro
euro

yen
yen

rouble
rubel

Swiss franc
Franc swiss

renminbi yuan
renminbi yuan

rupee
rupiah

cashpoint
ATM

bureau de change

kantor pertukaran mata uang

gold

emas

silver

pérak

oil

minyak

energy

énérgi

price

harga

contract

kontrak

tax

pajak

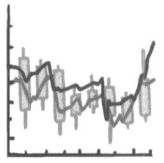

stock

saham

work

gawé

employee

karyawan

employer

dunungan

factory

pabril

shop

toko

# occupations
## pagawéan

- police officer / petugas pulisi
- fireman / pemadam kebakaran
- cook / koki
- doctor / dokter
- pilot / pilot

gardener
tukan kebon

carpenter
tukang kai

seamstress
tukang jait awéwé

judge
hakim

chemist
ahli kimia

actor
aktor

bus driver
sopir beus

taxi driver
sopir taksi

fisherman
nalayan

cleaning lady
pembantu

roofer
tukang hateup

waiter
badega

hunter
tukang muru

painter
pelukis

baker
tukang roti

electrician
tukang listrik

builder
tukang bangun

engineer
insinyur

butcher
tukang daging

plumber
tukang pipa

postman
tukang pos

occupations - pagawéan

soldier
tentara

architect
arsiték

cashier
kasir

florist
tukang kembang

hairdresser
tukang salon

conductor
konduktor

mechanic
tukang méngkél

captain
kaptén

dentist
dokter gigi

scientist
ilmuwan

rabbi
rabbi

imam
imam

monk
biarawan

clergyman
pendéta

occupations - pagawéan

# tools
## alat

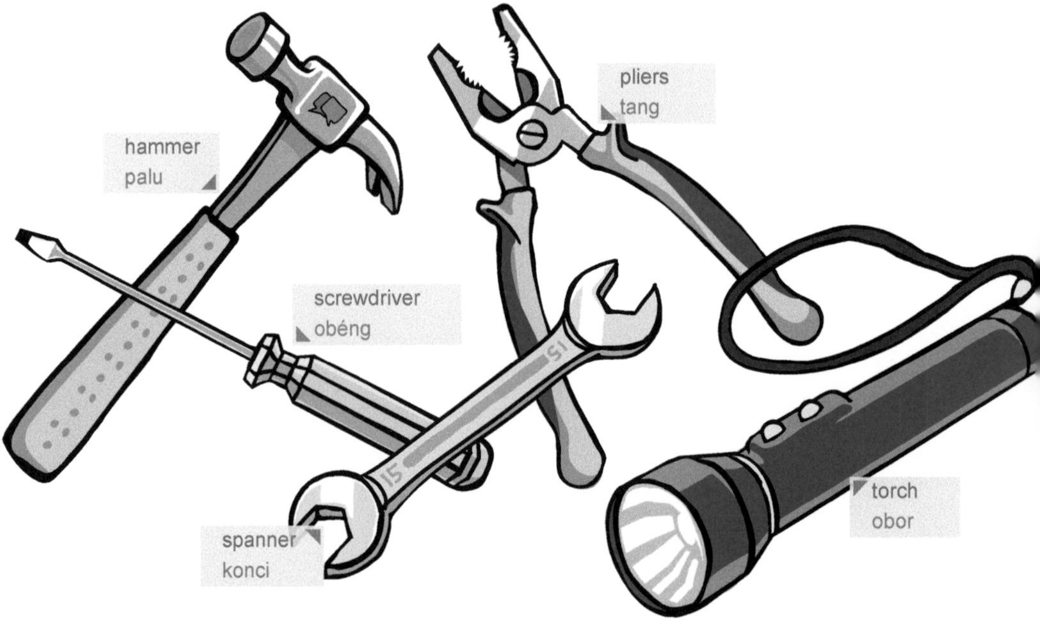

hammer / palu

pliers / tang

screwdriver / obéng

spanner / konci

torch / obor

digger
panggali

toolbox
kantong parkakas

ladder
tangga

saw
ragaji

nails
paku

drill
bor

repair
ngabenerkeun

shovel
sekop

Damn!
Kéhéd!

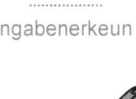

dustpan
pengki

paint pot
pot cét

screws
sekrup bor

## musical instruments
## alat musik

- drum kit / alat dreum
- loudspeaker / spiker
- guitar / gitar
- double bass / bas
- trumpet / tarompét

piano
piano

violin
violin

bass
bas

timpani
tambur

drums
dreum

keyboard
keyboard

saxophone
saksofon

flute
suling

microphone
mikrofon

musical instruments - alat musik

# zoo
# kebon binatang

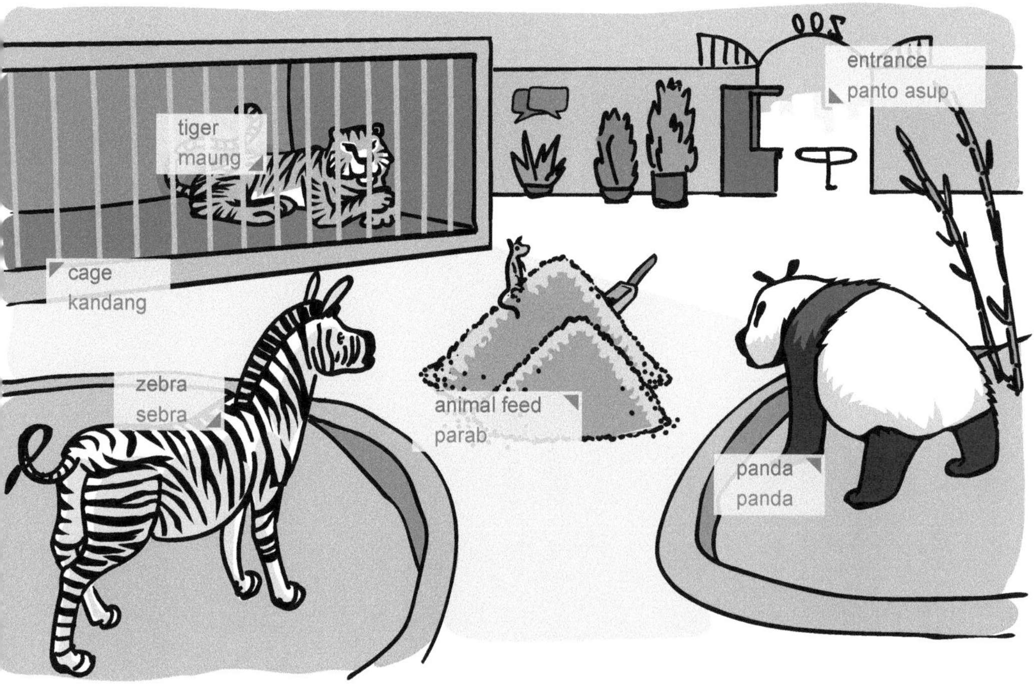

- entrance — panto asup
- tiger — maung
- cage — kandang
- zebra — sebra
- animal feed — parab
- panda — panda

animals
sato

elephant
gajah

kangaroo
kanguru

rhino
badak

gorilla
gorila

bear
biruang

camel
onta

ostrich
manuk onta

lion
singa

monkey
monyét

flamingo
flamingo

parrot
manuk béo

polar bear
biruang polar

penguin
penguin

shark
hiu

peacock
merak

snake
oray

crocodile
buaya

zookeeper
tukang jaga kebon binatang

seal
anjing laut

jaguar
jaguar

zoo - kebon binatang

pony
kuda poni

leopard
macan tutul

hippo
kuda nil

giraffe
jerapah

eagle
heulang

boar
bagong

fish
lauk

turtle
kuya

walrus
anjing laut

fox
robah

gazelle
kijang

zoo - kebon binatang

# sports
## olahraga

American football
sepak bola Amérika

cycling
sasapédahan

tennis
ténis

basketball
baskét

swimming
renang

boxing
tinju

ice hockey
hoki és

football
sépak bola

badminton
badminton

athletics
atletik

handball
bola tangan

skiing
ski

polo
polo

# activities
## aktivitas

jump — ngaganjleng
hug — nangkeup
laugh — seuri
walk — leumpang
sing — nyanyi
dream — ngimpén
pray — ngadoa
kiss — nyium

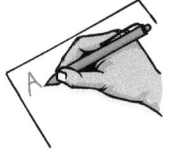

write
nyerat / nulis

draw
ngalukis

show
ningalikeun

push
ngadorong

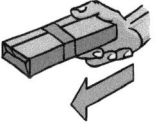

give
méré

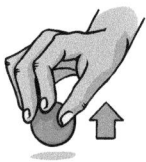

take
mawa

| | | |
|---|---|---|
|  have / boga |  do / ngalakukeun |  be / nya éta |
|  stand / tatih |  run / lumpat |  pull / narik |
|  throw / malédog |  fall / ragrag |  lie / saré |
|  wait / nungguan |  carry / nyandak |  sit / diuk |
|  get dressed / anggé acuk |  sleep / saré |  wake up / hudang |

activities - aktivitas

| | | |
|---|---|---|
|  |  |  |
| look at | cry | stroke |
| ningali | méwék | ngusapan |
|  |  |  |
| comb | talk | understand |
| nyisir | nyarita | ngarti |
|  |  |  |
| ask | listen | drink |
| naros | ngadéngé | nginum |
|  |  |  |
| eat | tidy up | love |
| dahar | bébérés | bogoh |
|  |  |  |
| cook | drive | fly |
| masak | nyetir | hiber |

activities - aktivitas

sail
balayar

calculate
ngitung

read
maca

learn
diajar

work
gawé

marry
kawin

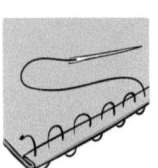
sew
ngajait

brush teeth
sikat huntu

kill
maéhan

smoke
ngarokok

send
ngirim

activities - aktivitas

# family
## kulawarga

- grandmother — nini
- grandfather — aki
- father — bapak
- mother — emak
- baby — orok
- daughter — budak awéwé
- son — budak lalaki

guest
tamu

aunt
bibi

uncle
emang

brother
aa

sister
tétéh

# body
# awak

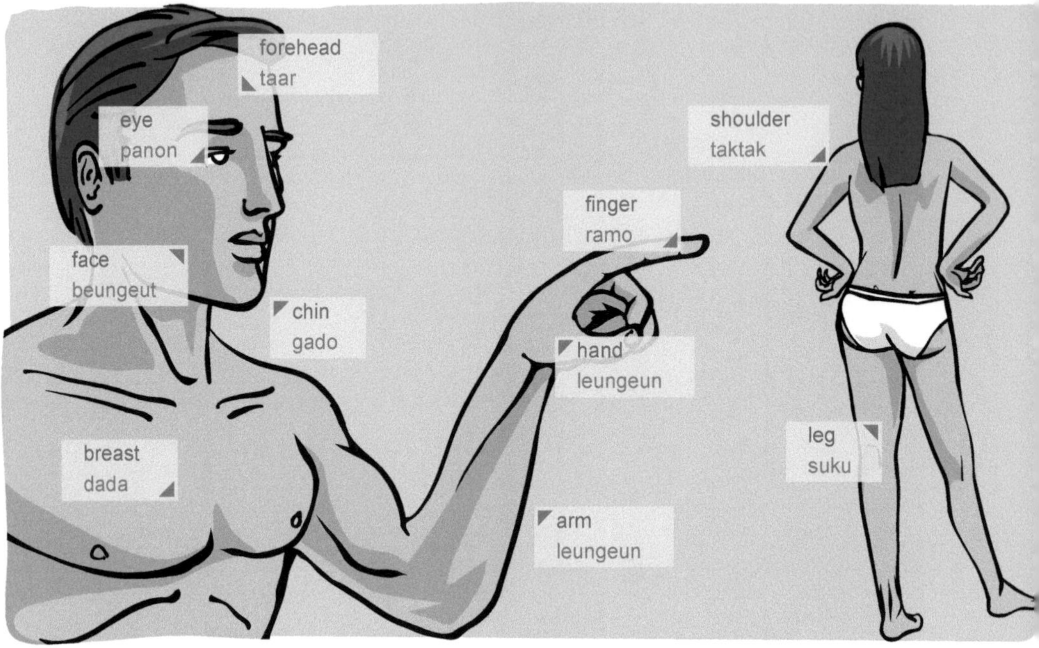

| | | |
|---|---|---|
| forehead — taar | shoulder — taktak | |
| eye — panon | finger — ramo | |
| face — beungeut | hand — leungeun | |
| chin — gado | leg — suku | |
| breast — dada | arm — leungeun | |

baby
orok

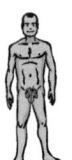

man
lalaki

woman
awéwé

girl
awéwé

boy
lalaki

head
sirah

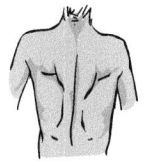

back
tonggong

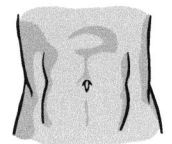

belly
beuteung

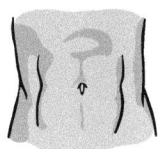

belly button
bujal

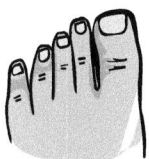

toe
jempol

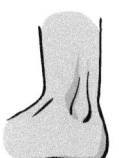

heel
keuneung

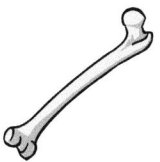

bone
tulang

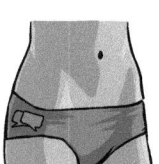

hip
cangkéng

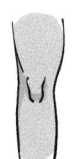

knee
tuur

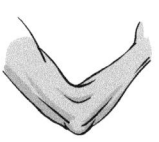

elbow
sikut

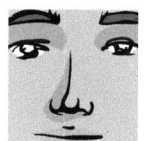

nose
irung

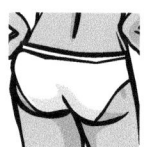

bottom
bujur

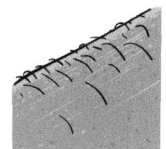

skin
kulit

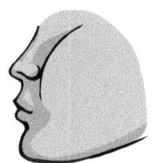

cheek
pipi

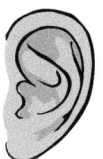

ear
ceuli

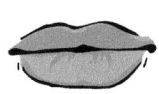

lip
biwir

body - awak

| | | |
|---|---|---|
|  | 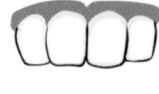 |  |
| mouth<br>baham | tooth<br>huntu | tongue<br>létah |
| 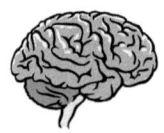 | 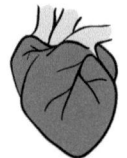 |  |
| brain<br>uteuk | heart<br>haté | muscle<br>otot |
| 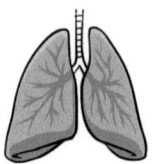 |  | 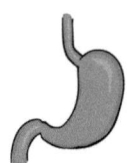 |
| lung<br>bayah | liver<br>ati | stomach<br>lambung |
| 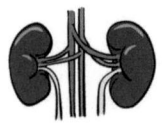 |  |  |
| kidneys<br>ginjal | sex<br>sapatemon | condom<br>kondom |
| 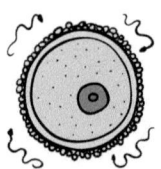 |  |  |
| ovum<br>sél telur | semen<br>spérma | pregnancy<br>kakandungan |

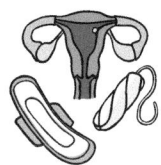
menstruation
haid

vagina
heunceut

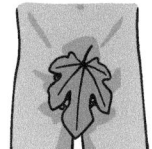
penis
sirit

eyebrow
halis

hair
buuk

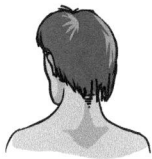
neck
beuheung

# hospital
# rumah sakit

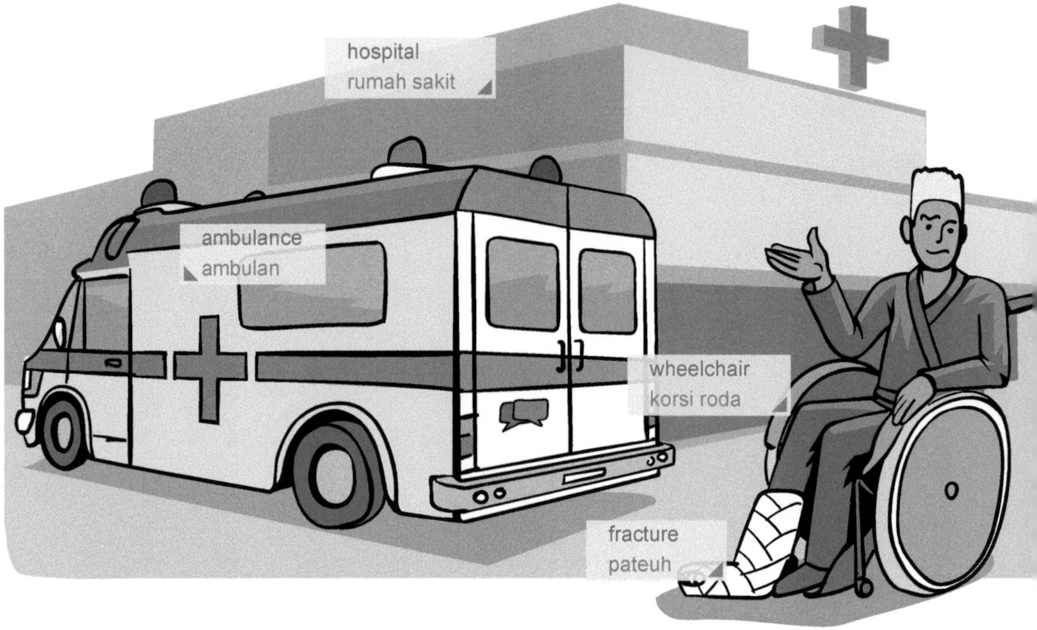

- hospital / rumah sakit
- ambulance / ambulan
- wheelchair / korsi roda
- fracture / pateuh

doctor
dokter

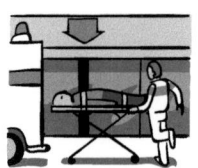

emergency room
rohang darurat

nurse
parawat

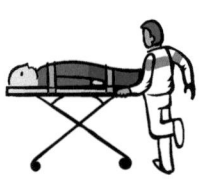

emergency
darurat

unconscious
pingsan

pain
nyeri

| | | |
|---|---|---|
| 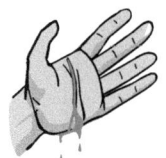 | 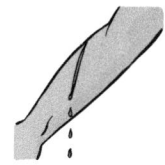 |  |
| injury | bleeding | heart attack |
| tatu | ngaluarkeun getih | jantungan |
|  |  |  |
| stroke | allergy | cough |
| strok | alérgi | batuk |
|  |  |  |
| fever | flu | diarrhoea |
| muriang | salésma | birit |
|  | 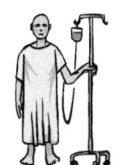 | 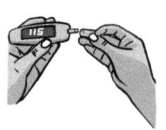 |
| headache | cancer | diabetes |
| rieut | kanker | diabétés |
|  |  |  |
| surgeon | scalpel | operation |
| ahli bedah | péso bedah | operasi |

hospital - rumah sakit

| | | |
|---|---|---|
|  | 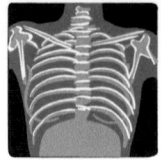 | 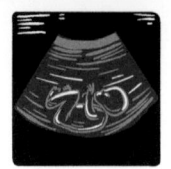 |
| CT — CT | x-ray — sinar x | ultrasound — usg |
|  |  |  |
| face mask — topéng | disease — panyakit | waiting room — rohang tunggu |
|  | 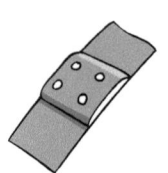 |  |
| crutch — pangrojong | plaster — paléstér | bandage — perban |
| 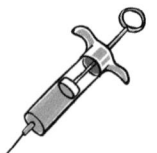 | 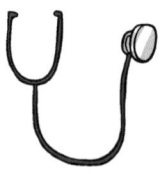 | 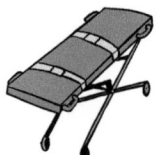 |
| injection — injéksi | stethoscope — stétoskop | stretcher — tandu |
|  |  |  |
| clinical thermometer — termométer klinis | birth — kalahiran | overweight — obésitas |

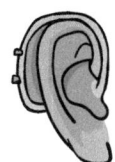

hearing aid

alat bantu dédéngéan

disinfectant

désinféktan

infection

inféksi

virus

virus

HIV / AIDS

HIV / AIDS

medicine

obat

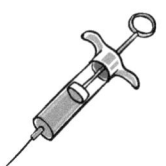

vaccination

vaksinasi

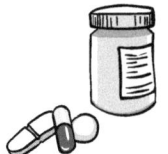

tablets

tablét

pill

pil

emergency call

panggilan darurat

blood pressure monitor

ngukur ténsi

ill / healthy

gering / séhat

hospital - rumah sakit

# emergency
## darurat

| | | |
|---|---|---|
| Help! / Tulung! |  alarm / alarem |  assault / gangguan |
| 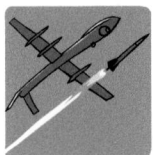 attack / narajang |  danger / bahaya |  emergency exit / panto darurat |
| Fire! / Seuneu! |  fire extinguisher / alat pemadam kabakaran |  accident / kacilakaan |
| 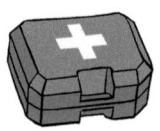 first-aid kit / kotak P3K |  SOS / SOS |  police / pulisi |

# Earth
## Bumi

Europe
Eropa

North America
Amérika Utara

South America
Amérika Selatan

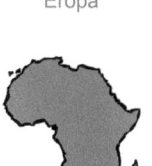
Africa
Afrika

Asia
Asia

Australia
Australi

Atlantic
Atlantik

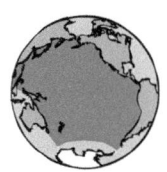
Pacific
Pasifik

Indian Ocean
Samudra Hindia

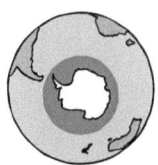
Antarctic Ocean
Samudra Antartika

Arctic Ocean
Samudra Arktik

North Pole
Kutub Utara

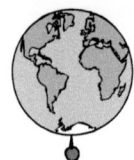
South Pole
Kutub Selatan

Antarctica
Antartika

Earth
Bumi

land
tanah

sea
laut

island
pulau

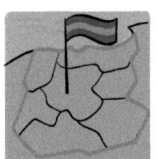
nation
bangsa

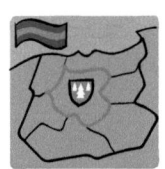
state
nagara

# clock
## jam

clock face
jam wajah

hour hand
jarum péndék

minute hand
jarum menit

second hand
jarum detik

What time is it?
Tabuh sabaraha?

day
poé

time
waktos

now
ayeuna

digital watch
jam digital

minute
menit

hour
jam

# week
## minggu

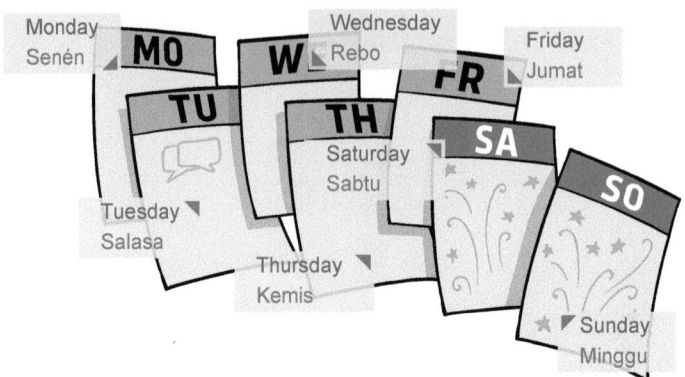

yesterday
kamari

today
dinten ayeuna

tomorrow
énjing

morning
énjing-énjing / isuk-isuk

noon
siang

evening
peuting

business days
poé gawé

weekend
akhir minggu

# year
# taun

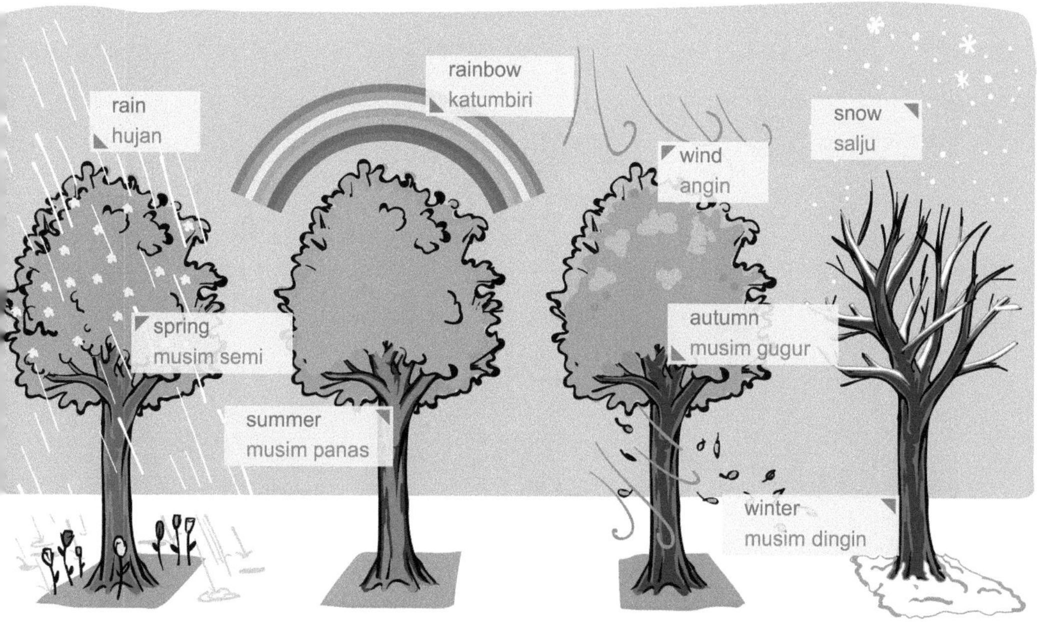

rain — hujan
rainbow — katumbiri
snow — salju
wind — angin
spring — musim semi
autumn — musim gugur
summer — musim panas
winter — musim dingin

weather forecast
ramalan cuaca

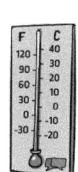

thermometer
térmométer

sunshine
panon poé

cloud
awan

fog
pepedut

humidity
kelembaban

lightning
gelap

thunder
guntur

storm
badai

hail
hujan és

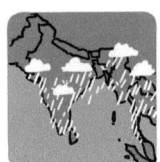

monsoon
angin muson

flood
caah

ice
és

January
Januari

February
Pébruari

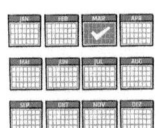

March
Maret

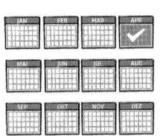

April
April

May
Mei

June
Juni

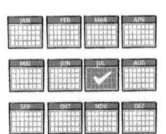

July
Juli

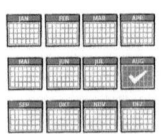

August
Agustus

year - taun

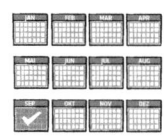
September
Séptémber

October
Oktober

November
Nopémber

December
Désémber

# shapes
# bentuk

circle
buleudan

square
persegi

rectangle
persegi panjang

triangle
segi tiga

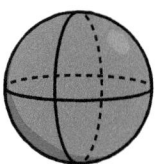
sphere
bola

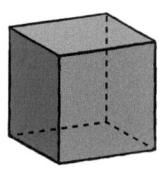
cube
kubus

# colours
## warna-warna

white
bodas

yellow
konéng

orange
oranyeu

pink
kayas

red
beureum

purple
bungur

blue
bulao

green
héjo

brown
coklat

grey
abu-abu

black
hideung

# opposites
# sabalikna

a lot / a little
loba / saeutik

angry / calm
ambek / kalem

beautiful / ugly
geulis / goreng

beginning / end
ngamimitian / réngsé

big / small
gedé / leutik

bright / dark
caang / poék

brother / sister
dulur lalaki / dulur awéwé

clean / dirty
bersih / kotor

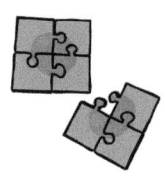

complete / incomplete
lengkep / teu lengkep

day / night
poé / peuting

dead / alive
paéh / hirup

wide / narrow
lega / heureut

edible / inedible

bisa didahar / teu bisa didahar

evil / kind

jahat / bageur

excited / bored

sumanget / bosen

fat / thin

badag / begang

first / last

kahiji / terakhir

friend / enemy

baturan / musuh

full / empty

pinuh / kosong

hard / soft

heuras / lemes

heavy / light

beurat / hampang

hunger / thirst

kalaparan / haus

ill / healthy

gering / séhat

illegal / legal

ilegal / legal

intelligent / stupid

calakan / bodo

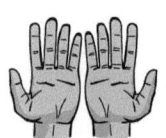

left / right

kénca / katuhu

near / far

deukeut / jauh

new / used

anyar / urut

nothing / something

euweuh nanaon / aya nanaon

old / young

kolot / ngora

on / off

hurung / pareum

open / closed

buka / tutup

quiet / loud

jempé / gandéng

rich / poor

beunghar / sangsara

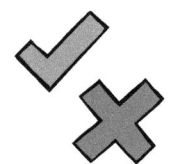

right / wrong

bener / salah

rough / smooth

kasar / lemes

sad / happy

sedih / gumbira

short / long

pendék / panjang

slow / fast

alon / gancang

wet / dry

baseuh / garing

warm / cool

haneut / tiis

war / peace

perang / damai

opposites - sabalikna

# numbers
## angka-angka

**0** zero / nol

**1** one / hiji

**2** two / dua

**3** three / tilu

**4** four / opat

**5** five / lima

**6** six / genep

**7** seven / tujuh

**8** eight / dalapan

**9** nine / salapan

**10** ten / sapuluh

**11** eleven / sawelas

**12** twelve
duawelas

**13** thirteen
tiluwelah

**14** fourteen
opatwelas

**15** fifteen
limawelas

**16** sixteen
genepwelas

**17** seventeen
tujuhwelas

**18** eighteen
dalapanwelas

**19** nineteen
salapanwelas

**20** twenty
duapuluh

**100** hundred
saratus

**1.000** thousand
sarébu

**1.000.000** million
sajuta

# languages
## basa-basa

English
Inggris

American English
basa Inggris Amerika

Chinese Mandarin
basa Cina Mandarin

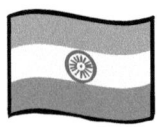
Hindi
basa Hindi

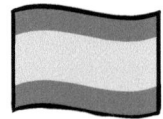
Spanish
basa Spanyol

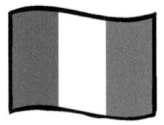
French
basa Perancis

Arabic
basa Arab

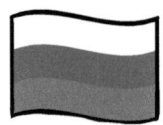
Russian
basa Rusia

Portuguese
basa Portugis

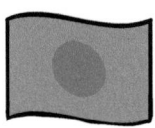
Bengali
basa Bengal

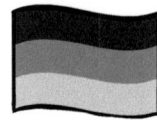
German
basa Jerman

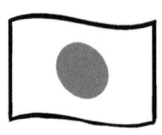
Japanese
basa Jepang

# who / what / how
## saha / naon / kumaha

I
urang

you
manéh

he / she / it
anjeunna / manéhna

we
arurang

you
maranéh

they
aranjeunna / maranéhna

who?
saha?

what?
naon?

how?
kumaha?

where?
di mana?

when?
iraha?

name
wasta / ngaran

# where
## di mana

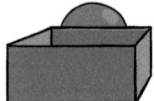

behind
di tukang

in
di

in front of
di hareup

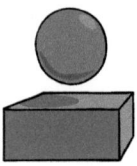

over
di luhureun

on
di luhur

under
di handapeun

beside
di gigir

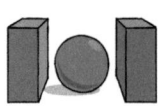

between
antawis

place
tempat